Thanks
FOR BEING U
An
AMAZING TEACHER

THIS NOTEBOOK BELONGS TO:

ADDRESS:

PHONE:

EMAIL:

MW00949028

Your purchase of our Planner/Logbook/Journal/Notebook/Scorebook from us is greatly appreciated. We are working hard to build even better products for you. We would love to hear your thoughts and opinions. Please don't hesitate to contact us with your comments or suggestions.

Thank You!

COPYRIGHT © 2022 ALL RIGHTS RESERVED.
NO PORTION OF THIS BOOK MAY BE REPRODUCED IN ANY FORM
WITHOUT PERMISSION FROM THE PUBLISHER.

STUDENT NAME: _____

AGE: _____ **DATE:** _____

_____

_____

_____

_____

_____

STUDENT NAME: _____

AGE: _____ **DATE:** _____

_____

_____

_____

_____

_____

STUDENT NAME: _____

AGE: _____ **DATE:** _____

_____

_____

_____

_____

STUDENT NAME: _____

AGE: _____ **DATE:** _____

_____

_____

_____

_____

_____

STUDENT NAME:

AGE: _____ **DATE:** _____

_____

_____

_____

_____

_____

STUDENT NAME:

AGE: _____ **DATE:** _____

_____

_____

_____

_____

_____

STUDENT NAME:

AGE: _____ **DATE:** _____

_____

_____

_____

_____

_____

STUDENT NAME:

AGE: _____ **DATE:** _____

_____

_____

_____

_____

_____

STUDENT NAME:

AGE: **DATE:**

STUDENT NAME:

AGE: **DATE:**

STUDENT NAME:

AGE: **DATE:**

STUDENT NAME:

AGE: **DATE:**

STUDENT NAME:

AGE: **DATE:**

_____

_____

_____

_____

_____

STUDENT NAME:

AGE: **DATE:**

_____

_____

_____

_____

_____

STUDENT NAME:

AGE: **DATE:**

_____

_____

_____

_____

_____

STUDENT NAME:

AGE: **DATE:**

_____

_____

_____

_____

_____

STUDENT NAME: _____

AGE: _____ **DATE:** _____

_____

_____

_____

_____

_____

STUDENT NAME: _____

AGE: _____ **DATE:** _____

_____

_____

_____

_____

_____

STUDENT NAME: _____

AGE: _____ **DATE:** _____

_____

_____

_____

_____

_____

STUDENT NAME: _____

AGE: _____ **DATE:** _____

_____

_____

_____

_____

_____

_____

STUDENT NAME:

AGE: **DATE:**

_____

_____

_____

_____

_____

STUDENT NAME:

AGE: **DATE:**

_____

_____

_____

_____

_____

STUDENT NAME:

AGE: **DATE:**

_____

_____

_____

_____

_____

STUDENT NAME:

AGE: **DATE:**

_____

_____

_____

_____

_____

STUDENT NAME: _____

AGE: _____ **DATE:** _____

_____

_____

_____

_____

STUDENT NAME: _____

AGE: _____ **DATE:** _____

_____

_____

_____

_____

STUDENT NAME: _____

AGE: _____ **DATE:** _____

_____

_____

_____

_____

STUDENT NAME: _____

AGE: _____ **DATE:** _____

_____

_____

_____

_____

_____

STUDENT NAME:

AGE: **DATE:**

_____

_____

_____

_____

_____

STUDENT NAME:

AGE: **DATE:**

_____

_____

_____

_____

_____

STUDENT NAME:

AGE: **DATE:**

_____

_____

_____

_____

_____

STUDENT NAME:

AGE: **DATE:**

_____

_____

_____

_____

_____

STUDENT NAME:

AGE: **DATE:**

_____

_____

_____

_____

_____

STUDENT NAME:

AGE: **DATE:**

_____

_____

_____

_____

_____

STUDENT NAME:

AGE: **DATE:**

_____

_____

_____

_____

_____

STUDENT NAME:

AGE: **DATE:**

_____

_____

_____

_____

_____

STUDENT NAME:

AGE: **DATE:**

_____

_____

_____

_____

_____

STUDENT NAME:

AGE: **DATE:**

_____

_____

_____

_____

_____

STUDENT NAME:

AGE: **DATE:**

_____

_____

_____

_____

_____

STUDENT NAME:

AGE: **DATE:**

_____

_____

_____

_____

_____

STUDENT NAME:

AGE: **DATE:**

_____

_____

_____

_____

_____

STUDENT NAME:

AGE: **DATE:**

_____

_____

_____

_____

_____

STUDENT NAME:

AGE: **DATE:**

_____

_____

_____

_____

_____

STUDENT NAME:

AGE: **DATE:**

_____

_____

_____

_____

_____

STUDENT NAME:

AGE: **DATE:**

_____

_____

_____

_____

_____

STUDENT NAME:

AGE: **DATE:**

_____

_____

_____

_____

_____

STUDENT NAME:

AGE: **DATE:**

_____

_____

_____

_____

_____

STUDENT NAME:

AGE: **DATE:**

_____

_____

_____

_____

_____

STUDENT NAME: _____

AGE: _____ **DATE:** _____

_____

_____

_____

_____

_____

STUDENT NAME: _____

AGE: _____ **DATE:** _____

_____

_____

_____

_____

_____

STUDENT NAME: _____

AGE: _____ **DATE:** _____

_____

_____

_____

_____

_____

STUDENT NAME: _____

AGE: _____ **DATE:** _____

_____

_____

_____

_____

_____

STUDENT NAME:

AGE: **DATE:**

STUDENT NAME:

AGE: **DATE:**

STUDENT NAME:

AGE: **DATE:**

STUDENT NAME:

AGE: **DATE:**

STUDENT NAME: _____

AGE: _____ **DATE:** _____

_____
_____
_____
_____
_____

STUDENT NAME: _____

AGE: _____ **DATE:** _____

_____
_____
_____
_____
_____

STUDENT NAME: _____

AGE: _____ **DATE:** _____

_____
_____
_____
_____
_____

STUDENT NAME: _____

AGE: _____ **DATE:** _____

_____
_____
_____
_____
_____

STUDENT NAME:

AGE: **DATE:**

_____

_____

_____

_____

_____

STUDENT NAME:

AGE: **DATE:**

_____

_____

_____

_____

_____

STUDENT NAME:

AGE: **DATE:**

_____

_____

_____

_____

_____

STUDENT NAME:

AGE: **DATE:**

_____

_____

_____

_____

_____

STUDENT NAME: _____

AGE: _____ **DATE:** _____

_____
_____
_____
_____
_____

STUDENT NAME: _____

AGE: _____ **DATE:** _____

_____
_____
_____
_____
_____

STUDENT NAME: _____

AGE: _____ **DATE:** _____

_____
_____
_____
_____
_____

STUDENT NAME: _____

AGE: _____ **DATE:** _____

_____
_____
_____
_____
_____

STUDENT NAME:

AGE: _____ **DATE:** _____

_____

_____

_____

_____

_____

STUDENT NAME:

AGE: _____ **DATE:** _____

_____

_____

_____

_____

_____

STUDENT NAME:

AGE: _____ **DATE:** _____

_____

_____

_____

_____

_____

STUDENT NAME:

AGE: _____ **DATE:** _____

_____

_____

_____

_____

_____

STUDENT NAME: _____

AGE: _____ **DATE:** _____

_____

_____

_____

_____

_____

STUDENT NAME: _____

AGE: _____ **DATE:** _____

_____

_____

_____

_____

_____

STUDENT NAME: _____

AGE: _____ **DATE:** _____

_____

_____

_____

_____

_____

STUDENT NAME: _____

AGE: _____ **DATE:** _____

_____

_____

_____

_____

_____

STUDENT NAME:

AGE: **DATE:**

STUDENT NAME:

AGE: **DATE:**

STUDENT NAME:

AGE: **DATE:**

STUDENT NAME:

AGE: **DATE:**

STUDENT NAME: _____

AGE: _____ **DATE:** _____

_____

_____

_____

_____

_____

STUDENT NAME: _____

AGE: _____ **DATE:** _____

_____

_____

_____

_____

_____

STUDENT NAME: _____

AGE: _____ **DATE:** _____

_____

_____

_____

_____

_____

STUDENT NAME: _____

AGE: _____ **DATE:** _____

_____

_____

_____

_____

_____

STUDENT NAME:

AGE: **DATE:**

_____

_____

_____

_____

_____

STUDENT NAME:

AGE: **DATE:**

_____

_____

_____

_____

_____

STUDENT NAME:

AGE: **DATE:**

_____

_____

_____

_____

_____

STUDENT NAME:

AGE: **DATE:**

_____

_____

_____

_____

_____

STUDENT NAME:

AGE: **DATE:**

_____

_____

_____

_____

_____

STUDENT NAME:

AGE: **DATE:**

_____

_____

_____

_____

_____

STUDENT NAME:

AGE: **DATE:**

_____

_____

_____

_____

_____

STUDENT NAME:

AGE: **DATE:**

_____

_____

_____

_____

_____

STUDENT NAME:

AGE: **DATE:**

_____

_____

_____

_____

_____

STUDENT NAME:

AGE: **DATE:**

_____

_____

_____

_____

_____

STUDENT NAME:

AGE: **DATE:**

_____

_____

_____

_____

_____

STUDENT NAME:

AGE: **DATE:**

_____

_____

_____

_____

_____

STUDENT NAME:

AGE: **DATE:**

STUDENT NAME:

AGE: **DATE:**

STUDENT NAME:

AGE: **DATE:**

STUDENT NAME:

AGE: **DATE:**

STUDENT NAME:

AGE: **DATE:**

_____

_____

_____

_____

_____

STUDENT NAME:

AGE: **DATE:**

_____

_____

_____

_____

_____

STUDENT NAME:

AGE: **DATE:**

_____

_____

_____

_____

_____

STUDENT NAME:

AGE: **DATE:**

_____

_____

_____

_____

_____

STUDENT NAME: _____

AGE: _____ **DATE:** _____

_____

_____

_____

_____

_____

STUDENT NAME: _____

AGE: _____ **DATE:** _____

_____

_____

_____

_____

_____

STUDENT NAME: _____

AGE: _____ **DATE:** _____

_____

_____

_____

_____

_____

STUDENT NAME: _____

AGE: _____ **DATE:** _____

_____

_____

_____

_____

_____

STUDENT NAME:

AGE: **DATE:**

_____

_____

_____

_____

_____

STUDENT NAME:

AGE: **DATE:**

_____

_____

_____

_____

_____

STUDENT NAME:

AGE: **DATE:**

_____

_____

_____

_____

_____

STUDENT NAME:

AGE: **DATE:**

_____

_____

_____

_____

_____

STUDENT NAME:

AGE: **DATE:**

STUDENT NAME:

AGE: **DATE:**

STUDENT NAME:

AGE: **DATE:**

STUDENT NAME:

AGE: **DATE:**

STUDENT NAME:

AGE: **DATE:**

_____

_____

_____

_____

_____

STUDENT NAME:

AGE: **DATE:**

_____

_____

_____

_____

_____

STUDENT NAME:

AGE: **DATE:**

_____

_____

_____

_____

_____

STUDENT NAME:

AGE: **DATE:**

_____

_____

_____

_____

_____

STUDENT NAME: _____

AGE: _____ **DATE:** _____

_____

_____

_____

_____

STUDENT NAME: _____

AGE: _____ **DATE:** _____

_____

_____

_____

_____

STUDENT NAME: _____

AGE: _____ **DATE:** _____

_____

_____

_____

_____

STUDENT NAME: _____

AGE: _____ **DATE:** _____

_____

_____

_____

_____

STUDENT NAME:

AGE: **DATE:**

STUDENT NAME:

AGE: **DATE:**

STUDENT NAME:

AGE: **DATE:**

STUDENT NAME:

AGE: **DATE:**

STUDENT NAME:

AGE: **DATE:**

_____

_____

_____

_____

_____

STUDENT NAME:

AGE: **DATE:**

_____

_____

_____

_____

_____

STUDENT NAME:

AGE: **DATE:**

_____

_____

_____

_____

_____

STUDENT NAME:

AGE: **DATE:**

_____

_____

_____

_____

_____

STUDENT NAME:

AGE: **DATE:**

_____

_____

_____

_____

_____

STUDENT NAME:

AGE: **DATE:**

_____

_____

_____

_____

_____

STUDENT NAME:

AGE: **DATE:**

_____

_____

_____

_____

_____

STUDENT NAME:

AGE: **DATE:**

_____

_____

_____

_____

_____

STUDENT NAME:

AGE: **DATE:**

_____

_____

_____

_____

_____

STUDENT NAME:

AGE: **DATE:**

_____

_____

_____

_____

_____

STUDENT NAME:

AGE: **DATE:**

_____

_____

_____

_____

_____

STUDENT NAME:

AGE: **DATE:**

_____

_____

_____

_____

_____

STUDENT NAME:

AGE: **DATE:**

_____

_____

_____

_____

_____

STUDENT NAME:

AGE: **DATE:**

_____

_____

_____

_____

_____

STUDENT NAME:

AGE: **DATE:**

_____

_____

_____

_____

_____

STUDENT NAME:

AGE: **DATE:**

_____

_____

_____

_____

_____

STUDENT NAME:

AGE: **DATE:**

STUDENT NAME:

AGE: **DATE:**

STUDENT NAME:

AGE: **DATE:**

STUDENT NAME:

AGE: **DATE:**

STUDENT NAME:

AGE: **DATE:**

_____

_____

_____

_____

_____

STUDENT NAME:

AGE: **DATE:**

_____

_____

_____

_____

_____

STUDENT NAME:

AGE: **DATE:**

_____

_____

_____

_____

_____

STUDENT NAME:

AGE: **DATE:**

_____

_____

_____

_____

_____

STUDENT NAME:

AGE: **DATE:**

_____

_____

_____

_____

_____

STUDENT NAME:

AGE: **DATE:**

_____

_____

_____

_____

_____

STUDENT NAME:

AGE: **DATE:**

_____

_____

_____

_____

_____

STUDENT NAME:

AGE: **DATE:**

_____

_____

_____

_____

_____

STUDENT NAME: _____

AGE: _____ **DATE:** _____

_____
_____
_____
_____
_____

STUDENT NAME: _____

AGE: _____ **DATE:** _____

_____
_____
_____
_____
_____

STUDENT NAME: _____

AGE: _____ **DATE:** _____

_____
_____
_____
_____
_____

STUDENT NAME: _____

AGE: _____ **DATE:** _____

_____
_____
_____
_____
_____

STUDENT NAME:

AGE: **DATE:**

_____

_____

_____

_____

_____

STUDENT NAME:

AGE: **DATE:**

_____

_____

_____

_____

_____

STUDENT NAME:

AGE: **DATE:**

_____

_____

_____

_____

_____

STUDENT NAME:

AGE: **DATE:**

_____

_____

_____

_____

_____

STUDENT NAME:

AGE: _____ **DATE:** _____

_____

_____

_____

_____

_____

STUDENT NAME:

AGE: _____ **DATE:** _____

_____

_____

_____

_____

_____

STUDENT NAME:

AGE: _____ **DATE:** _____

_____

_____

_____

_____

_____

STUDENT NAME:

AGE: _____ **DATE:** _____

_____

_____

_____

_____

_____

STUDENT NAME:

AGE: **DATE:**

_____

_____

_____

_____

_____

STUDENT NAME:

AGE: **DATE:**

_____

_____

_____

_____

_____

STUDENT NAME:

AGE: **DATE:**

_____

_____

_____

_____

_____

STUDENT NAME:

AGE: **DATE:**

_____

_____

_____

_____

_____

STUDENT NAME:

AGE: _____ **DATE:** _____

_____

_____

_____

_____

_____

STUDENT NAME:

AGE: _____ **DATE:** _____

_____

_____

_____

_____

_____

STUDENT NAME:

AGE: _____ **DATE:** _____

_____

_____

_____

_____

_____

STUDENT NAME:

AGE: _____ **DATE:** _____

_____

_____

_____

_____

_____

STUDENT NAME:

AGE: **DATE:**

_____

_____

_____

_____

_____

STUDENT NAME:

AGE: **DATE:**

_____

_____

_____

_____

_____

STUDENT NAME:

AGE: **DATE:**

_____

_____

_____

_____

_____

STUDENT NAME:

AGE: **DATE:**

_____

_____

_____

_____

_____

STUDENT NAME:

AGE: **DATE:**

_____

_____

_____

_____

_____

STUDENT NAME:

AGE: **DATE:**

_____

_____

_____

_____

_____

STUDENT NAME:

AGE: **DATE:**

_____

_____

_____

_____

_____

STUDENT NAME:

AGE: **DATE:**

_____

_____

_____

_____

_____

STUDENT NAME:

AGE: **DATE:**

_____

_____

_____

_____

STUDENT NAME:

AGE: **DATE:**

_____

_____

_____

_____

STUDENT NAME:

AGE: **DATE:**

_____

_____

_____

_____

STUDENT NAME:

AGE: **DATE:**

_____

_____

_____

_____

_____

STUDENT NAME:

AGE: **DATE:**

_____

_____

_____

_____

_____

STUDENT NAME:

AGE: **DATE:**

_____

_____

_____

_____

_____

STUDENT NAME:

AGE: **DATE:**

_____

_____

_____

_____

_____

STUDENT NAME:

AGE: **DATE:**

_____

_____

_____

_____

_____

STUDENT NAME:

AGE: **DATE:**

_____

_____

_____

_____

_____

STUDENT NAME:

AGE: **DATE:**

_____

_____

_____

_____

_____

STUDENT NAME:

AGE: **DATE:**

_____

_____

_____

_____

_____

STUDENT NAME:

AGE: **DATE:**

_____

_____

_____

_____

_____

STUDENT NAME:

AGE: **DATE:**

_____

_____

_____

_____

_____

STUDENT NAME:

AGE: **DATE:**

_____

_____

_____

_____

_____

STUDENT NAME:

AGE: **DATE:**

_____

_____

_____

_____

_____

STUDENT NAME:

AGE: **DATE:**

_____

_____

_____

_____

_____

STUDENT NAME:

AGE: **DATE:**

STUDENT NAME:

AGE: **DATE:**

STUDENT NAME:

AGE: **DATE:**

STUDENT NAME:

AGE: **DATE:**

STUDENT NAME:

AGE: **DATE:**

_____

_____

_____

_____

_____

STUDENT NAME:

AGE: **DATE:**

_____

_____

_____

_____

_____

STUDENT NAME:

AGE: **DATE:**

_____

_____

_____

_____

_____

STUDENT NAME:

AGE: **DATE:**

_____

_____

_____

_____

_____

STUDENT NAME:

AGE: **DATE:**

_____

_____

_____

_____

STUDENT NAME:

AGE: **DATE:**

_____

_____

_____

_____

STUDENT NAME:

AGE: **DATE:**

_____

_____

_____

_____

STUDENT NAME:

AGE: **DATE:**

_____

_____

_____

_____

_____

STUDENT NAME:

AGE: **DATE:**

_____

_____

_____

_____

_____

STUDENT NAME:

AGE: **DATE:**

_____

_____

_____

_____

_____

STUDENT NAME:

AGE: **DATE:**

_____

_____

_____

_____

_____

STUDENT NAME:

AGE: **DATE:**

_____

_____

_____

_____

_____

STUDENT NAME:

AGE: **DATE:**

STUDENT NAME:

AGE: **DATE:**

STUDENT NAME:

AGE: **DATE:**

STUDENT NAME:

AGE: **DATE:**

STUDENT NAME:

AGE: **DATE:**

_____

_____

_____

_____

_____

STUDENT NAME:

AGE: **DATE:**

_____

_____

_____

_____

_____

STUDENT NAME:

AGE: **DATE:**

_____

_____

_____

_____

_____

STUDENT NAME:

AGE: **DATE:**

_____

_____

_____

_____

_____

STUDENT NAME:

AGE: **DATE:**

_____

_____

_____

_____

STUDENT NAME:

AGE: **DATE:**

_____

_____

_____

_____

STUDENT NAME:

AGE: **DATE:**

_____

_____

_____

_____

STUDENT NAME:

AGE: **DATE:**

_____

_____

_____

_____

_____

STUDENT NAME:

AGE: _____ **DATE:** _____

_____

_____

_____

_____

_____

STUDENT NAME:

AGE: _____ **DATE:** _____

_____

_____

_____

_____

_____

STUDENT NAME:

AGE: _____ **DATE:** _____

_____

_____

_____

_____

_____

STUDENT NAME:

AGE: _____ **DATE:** _____

_____

_____

_____

_____

_____

STUDENT NAME:

AGE: **DATE:**

_____

_____

_____

_____

_____

STUDENT NAME:

AGE: **DATE:**

_____

_____

_____

_____

_____

STUDENT NAME:

AGE: **DATE:**

_____

_____

_____

_____

_____

STUDENT NAME:

AGE: **DATE:**

_____

_____

_____

_____

_____

STUDENT NAME:

AGE: **DATE:**

STUDENT NAME:

AGE: **DATE:**

STUDENT NAME:

AGE: **DATE:**

STUDENT NAME:

AGE: **DATE:**

STUDENT NAME:

AGE: **DATE:**

STUDENT NAME:

AGE: **DATE:**

STUDENT NAME:

AGE: **DATE:**

STUDENT NAME:

AGE: **DATE:**

STUDENT NAME:

AGE: **DATE:**

_____

_____

_____

_____

_____

STUDENT NAME:

AGE: **DATE:**

_____

_____

_____

_____

_____

STUDENT NAME:

AGE: **DATE:**

_____

_____

_____

_____

_____

STUDENT NAME:

AGE: **DATE:**

_____

_____

_____

_____

_____

STUDENT NAME:

AGE: **DATE:**

_____

_____

_____

_____

_____

STUDENT NAME:

AGE: **DATE:**

_____

_____

_____

_____

_____

STUDENT NAME:

AGE: **DATE:**

_____

_____

_____

_____

_____

STUDENT NAME:

AGE: **DATE:**

_____

_____

_____

_____

_____

STUDENT NAME:

AGE: **DATE:**

STUDENT NAME:

AGE: **DATE:**

STUDENT NAME:

AGE: **DATE:**

STUDENT NAME:

AGE: **DATE:**

STUDENT NAME: _____

AGE: _____ **DATE:** _____

_____

_____

_____

_____

_____

STUDENT NAME: _____

AGE: _____ **DATE:** _____

_____

_____

_____

_____

_____

STUDENT NAME: _____

AGE: _____ **DATE:** _____

_____

_____

_____

_____

_____

STUDENT NAME: _____

AGE: _____ **DATE:** _____

_____

_____

_____

_____

_____

STUDENT NAME:

AGE: **DATE:**

_____

_____

_____

_____

_____

STUDENT NAME:

AGE: **DATE:**

_____

_____

_____

_____

_____

STUDENT NAME:

AGE: **DATE:**

_____

_____

_____

_____

_____

STUDENT NAME:

AGE: **DATE:**

_____

_____

_____

_____

_____

STUDENT NAME:

AGE: **DATE:**

STUDENT NAME:

AGE: **DATE:**

STUDENT NAME:

AGE: **DATE:**

STUDENT NAME:

AGE: **DATE:**

STUDENT NAME:

AGE: **DATE:**

_____

_____

_____

_____

_____

STUDENT NAME:

AGE: **DATE:**

_____

_____

_____

_____

_____

STUDENT NAME:

AGE: **DATE:**

_____

_____

_____

_____

_____

STUDENT NAME:

AGE: **DATE:**

_____

_____

_____

_____

_____

STUDENT NAME:

AGE: **DATE:**

_____
_____
_____
_____
_____

STUDENT NAME:

AGE: **DATE:**

_____
_____
_____
_____
_____

STUDENT NAME:

AGE: **DATE:**

_____
_____
_____
_____
_____

STUDENT NAME:

AGE: **DATE:**

_____
_____
_____
_____
_____

STUDENT NAME:

AGE: **DATE:**

_____

_____

_____

_____

STUDENT NAME:

AGE: **DATE:**

_____

_____

_____

_____

STUDENT NAME:

AGE: **DATE:**

_____

_____

_____

_____

STUDENT NAME:

AGE: **DATE:**

_____

_____

_____

_____

STUDENT NAME: _____

AGE: _____ **DATE:** _____

_____

_____

_____

_____

_____

STUDENT NAME: _____

AGE: _____ **DATE:** _____

_____

_____

_____

_____

_____

STUDENT NAME: _____

AGE: _____ **DATE:** _____

_____

_____

_____

_____

_____

STUDENT NAME: _____

AGE: _____ **DATE:** _____

_____

_____

_____

_____

_____

STUDENT NAME:

AGE: **DATE:**

_____

_____

_____

_____

STUDENT NAME:

AGE: **DATE:**

_____

_____

_____

_____

STUDENT NAME:

AGE: **DATE:**

_____

_____

_____

_____

STUDENT NAME:

AGE: **DATE:**

_____

_____

_____

_____

STUDENT NAME: _____

AGE: _____ **DATE:** _____

_____

_____

_____

_____

_____

STUDENT NAME: _____

AGE: _____ **DATE:** _____

_____

_____

_____

_____

_____

STUDENT NAME: _____

AGE: _____ **DATE:** _____

_____

_____

_____

_____

_____

STUDENT NAME: _____

AGE: _____ **DATE:** _____

_____

_____

_____

_____

_____

STUDENT NAME:

AGE: **DATE:**

_____

_____

_____

_____

_____

STUDENT NAME:

AGE: **DATE:**

_____

_____

_____

_____

_____

STUDENT NAME:

AGE: **DATE:**

_____

_____

_____

_____

_____

STUDENT NAME:

AGE: **DATE:**

_____

_____

_____

_____

_____

STUDENT NAME: _____

AGE: _____ **DATE:** _____

_____

_____

_____

_____

STUDENT NAME: _____

AGE: _____ **DATE:** _____

_____

_____

_____

_____

STUDENT NAME: _____

AGE: _____ **DATE:** _____

_____

_____

_____

_____

STUDENT NAME: _____

AGE: _____ **DATE:** _____

_____

_____

_____

_____

STUDENT NAME:

AGE: **DATE:**

STUDENT NAME:

AGE: **DATE:**

STUDENT NAME:

AGE: **DATE:**

STUDENT NAME:

AGE: **DATE:**

STUDENT NAME: _____

AGE: _____ **DATE:** _____

_____

_____

_____

_____

_____

STUDENT NAME: _____

AGE: _____ **DATE:** _____

_____

_____

_____

_____

_____

STUDENT NAME: _____

AGE: _____ **DATE:** _____

_____

_____

_____

_____

_____

STUDENT NAME: _____

AGE: _____ **DATE:** _____

_____

_____

_____

_____

_____

STUDENT NAME:

AGE: **DATE:**

_____

_____

_____

_____

_____

STUDENT NAME:

AGE: **DATE:**

_____

_____

_____

_____

_____

STUDENT NAME:

AGE: **DATE:**

_____

_____

_____

_____

_____

STUDENT NAME:

AGE: **DATE:**

_____

_____

_____

_____

_____

STUDENT NAME: _____

AGE: _____ **DATE:** _____

_____

_____

_____

_____

_____

STUDENT NAME: _____

AGE: _____ **DATE:** _____

_____

_____

_____

_____

_____

STUDENT NAME: _____

AGE: _____ **DATE:** _____

_____

_____

_____

_____

_____

STUDENT NAME: _____

AGE: _____ **DATE:** _____

_____

_____

_____

_____

_____

STUDENT NAME:

AGE: **DATE:**

_____

_____

_____

_____

_____

STUDENT NAME:

AGE: **DATE:**

_____

_____

_____

_____

_____

STUDENT NAME:

AGE: **DATE:**

_____

_____

_____

_____

STUDENT NAME:

AGE: **DATE:**

_____

_____

_____

_____

_____

STUDENT NAME: _____

AGE: _____ **DATE:** _____

_____

_____

_____

_____

_____

STUDENT NAME: _____

AGE: _____ **DATE:** _____

_____

_____

_____

_____

_____

STUDENT NAME: _____

AGE: _____ **DATE:** _____

_____

_____

_____

_____

_____

STUDENT NAME: _____

AGE: _____ **DATE:** _____

_____

_____

_____

_____

_____

STUDENT NAME:

AGE: **DATE:**

_____

_____

_____

_____

STUDENT NAME:

AGE: **DATE:**

_____

_____

_____

_____

STUDENT NAME:

AGE: **DATE:**

_____

_____

_____

_____

STUDENT NAME:

AGE: **DATE:**

_____

_____

_____

_____

STUDENT NAME:

AGE: **DATE:**

STUDENT NAME:

AGE: **DATE:**

STUDENT NAME:

AGE: **DATE:**

STUDENT NAME:

AGE: **DATE:**

STUDENT NAME:

AGE: **DATE:**

_____

_____

_____

_____

_____

STUDENT NAME:

AGE: **DATE:**

_____

_____

_____

_____

_____

STUDENT NAME:

AGE: **DATE:**

_____

_____

_____

_____

_____

STUDENT NAME:

AGE: **DATE:**

_____

_____

_____

_____

_____

STUDENT NAME: _____

AGE: _____ **DATE:** _____

_____

_____

_____

_____

_____

STUDENT NAME: _____

AGE: _____ **DATE:** _____

_____

_____

_____

_____

_____

STUDENT NAME: _____

AGE: _____ **DATE:** _____

_____

_____

_____

_____

STUDENT NAME: _____

AGE: _____ **DATE:** _____

_____

_____

_____

_____

_____

STUDENT NAME:

AGE: _____ **DATE:** _____

_____

_____

_____

_____

STUDENT NAME:

AGE: _____ **DATE:** _____

_____

_____

_____

_____

STUDENT NAME:

AGE: _____ **DATE:** _____

_____

_____

_____

_____

STUDENT NAME:

AGE: _____ **DATE:** _____

_____

_____

_____

_____

STUDENT NAME: _____

AGE: _____ **DATE:** _____

_____

_____

_____

_____

_____

STUDENT NAME: _____

AGE: _____ **DATE:** _____

_____

_____

_____

_____

_____

STUDENT NAME: _____

AGE: _____ **DATE:** _____

_____

_____

_____

_____

_____

STUDENT NAME: _____

AGE: _____ **DATE:** _____

_____

_____

_____

_____

_____

STUDENT NAME: _____

AGE: _____ **DATE:** _____

_____

_____

_____

_____

_____

STUDENT NAME: _____

AGE: _____ **DATE:** _____

_____

_____

_____

_____

_____

STUDENT NAME: _____

AGE: _____ **DATE:** _____

_____

_____

_____

_____

_____

STUDENT NAME: _____

AGE: _____ **DATE:** _____

_____

_____

_____

_____

_____

STUDENT NAME:

AGE: **DATE:**

_____

_____

_____

_____

_____

STUDENT NAME:

AGE: **DATE:**

_____

_____

_____

_____

_____

STUDENT NAME:

AGE: **DATE:**

_____

_____

_____

_____

_____

STUDENT NAME:

AGE: **DATE:**

_____

_____

_____

_____

_____

STUDENT NAME:

AGE: **DATE:**

_____

_____

_____

_____

_____

STUDENT NAME:

AGE: **DATE:**

_____

_____

_____

_____

_____

STUDENT NAME:

AGE: **DATE:**

_____

_____

_____

_____

_____

STUDENT NAME:

AGE: **DATE:**

_____

_____

_____

_____

_____

STUDENT NAME:

AGE: **DATE:**

_____

_____

_____

_____

STUDENT NAME:

AGE: **DATE:**

_____

_____

_____

_____

STUDENT NAME:

AGE: **DATE:**

_____

_____

_____

_____

STUDENT NAME:

AGE: **DATE:**

_____

_____

_____

_____

STUDENT NAME:

AGE: **DATE:**

___

STUDENT NAME:

AGE: **DATE:**

___

STUDENT NAME:

AGE: **DATE:**

___

STUDENT NAME:

AGE: **DATE:**

STUDENT NAME:

AGE: **DATE:**

_____

_____

_____

_____

_____

STUDENT NAME:

AGE: **DATE:**

_____

_____

_____

_____

_____

STUDENT NAME:

AGE: **DATE:**

_____

_____

_____

_____

_____

STUDENT NAME:

AGE: **DATE:**

_____

_____

_____

_____

_____

STUDENT NAME:

AGE: **DATE:**

___

STUDENT NAME:

AGE: **DATE:**

___

STUDENT NAME:

AGE: **DATE:**

___

STUDENT NAME:

AGE: **DATE:**

STUDENT NAME:

AGE: **DATE:**

STUDENT NAME:

AGE: **DATE:**

STUDENT NAME:

AGE: **DATE:**

STUDENT NAME:

AGE: **DATE:**

STUDENT NAME:

AGE: **DATE:**

_____

_____

_____

_____

STUDENT NAME:

AGE: **DATE:**

_____

_____

_____

_____

STUDENT NAME:

AGE: **DATE:**

_____

_____

_____

_____

STUDENT NAME:

AGE: **DATE:**

_____

_____

_____

_____

STUDENT NAME: _____

AGE: _____ **DATE:** _____

_____

_____

_____

_____

_____

STUDENT NAME: _____

AGE: _____ **DATE:** _____

_____

_____

_____

_____

_____

STUDENT NAME: _____

AGE: _____ **DATE:** _____

_____

_____

_____

_____

_____

STUDENT NAME: _____

AGE: _____ **DATE:** _____

_____

_____

_____

_____

_____

STUDENT NAME:

AGE: **DATE:**

_____

_____

_____

_____

_____

STUDENT NAME:

AGE: **DATE:**

_____

_____

_____

_____

_____

STUDENT NAME:

AGE: **DATE:**

_____

_____

_____

_____

_____

STUDENT NAME:

AGE: **DATE:**

_____

_____

_____

_____

_____

STUDENT NAME:

AGE: **DATE:**

_____

_____

_____

_____

_____

STUDENT NAME:

AGE: **DATE:**

_____

_____

_____

_____

_____

STUDENT NAME:

AGE: **DATE:**

_____

_____

_____

_____

_____

STUDENT NAME:

AGE: **DATE:**

_____

_____

_____

_____

_____

STUDENT NAME:

AGE: **DATE:**

_____

_____

_____

_____

_____

STUDENT NAME:

AGE: **DATE:**

_____

_____

_____

_____

_____

STUDENT NAME:

AGE: **DATE:**

_____

_____

_____

_____

_____

STUDENT NAME:

AGE: **DATE:**

_____

_____

_____

_____

_____

STUDENT NAME:

AGE: **DATE:**

STUDENT NAME:

AGE: **DATE:**

STUDENT NAME:

AGE: **DATE:**

STUDENT NAME:

AGE: **DATE:**

STUDENT NAME:

AGE: **DATE:**

STUDENT NAME:

AGE: **DATE:**

STUDENT NAME:

AGE: **DATE:**

STUDENT NAME:

AGE: **DATE:**

STUDENT NAME:

AGE: **DATE:**

STUDENT NAME:

AGE: **DATE:**

STUDENT NAME:

AGE: **DATE:**

STUDENT NAME:

AGE: **DATE:**

STUDENT NAME:

AGE: _____ **DATE:** _____

_____

_____

_____

_____

_____

STUDENT NAME:

AGE: _____ **DATE:** _____

_____

_____

_____

_____

_____

STUDENT NAME:

AGE: _____ **DATE:** _____

_____

_____

_____

_____

_____

STUDENT NAME:

AGE: _____ **DATE:** _____

_____

_____

_____

_____

_____

STUDENT NAME:

AGE: **DATE:**

STUDENT NAME:

AGE: **DATE:**

STUDENT NAME:

AGE: **DATE:**

STUDENT NAME:

AGE: **DATE:**

STUDENT NAME:

AGE: **DATE:**

_____

_____

_____

_____

_____

STUDENT NAME:

AGE: **DATE:**

_____

_____

_____

_____

_____

STUDENT NAME:

AGE: **DATE:**

_____

_____

_____

_____

_____

STUDENT NAME:

AGE: **DATE:**

_____

_____

_____

_____

_____

STUDENT NAME: _____

AGE: _____ **DATE:** _____

_____

_____

_____

_____

_____

STUDENT NAME: _____

AGE: _____ **DATE:** _____

_____

_____

_____

_____

_____

STUDENT NAME: _____

AGE: _____ **DATE:** _____

_____

_____

_____

_____

_____

STUDENT NAME: _____

AGE: _____ **DATE:** _____

_____

_____

_____

_____

_____

STUDENT NAME:

AGE: **DATE:**

_____

_____

_____

_____

_____

STUDENT NAME:

AGE: **DATE:**

_____

_____

_____

_____

_____

STUDENT NAME:

AGE: **DATE:**

_____

_____

_____

_____

_____

STUDENT NAME:

AGE: **DATE:**

_____

_____

_____

_____

_____

STUDENT NAME:

AGE: **DATE:**

STUDENT NAME:

AGE: **DATE:**

STUDENT NAME:

AGE: **DATE:**

STUDENT NAME:

AGE: **DATE:**

Made in the USA
Monee, IL
29 December 2023

50742235R00059